Asada y crujiente
o brevemente estofad

en cualquier plato de carne: solom
chuleta, medallón, ragú... lo princi
calidad y el punto justo de cocción
de apetitosas recetas para carne d
ternera, cerdo y cordero, el uso de los utensilios
adecuados y toda una serie de trucos prácticos
son la base del presente libro. Y como toque
especial de cada plato: la acertada selección
de las especias, guarniciones y salsas
deliciosas.

Fotografías de Odette Teubner y
Dorothee Gödert.

EDITORIAL EVEREST, S. A.

Madrid • León • Barcelona • Sevilla • Granada • Valencia
Zaragoza • Las Palmas de Gran Canaria • La Coruña
Palma de Mallorca • Alicante • México • Lisboa

TODO SOBRE LA CARNE

Lo que usted debe tener en cuenta al comprar la carne

Elija una carnicería de su barrio, de toda confianza y conocida por la buena calidad de sus productos. De esa forma contará siempre con su consejo profesional y, si hace falta, con la posibilidad de que atienda gustoso cualquier deseo especial por su parte. No obstante, es importante que usted misma posea los conocimientos suficientes sobre la carne para así saber qué quiere y qué tipo de carne o qué parte del animal es la más adecuada para lo que piensa cocinar.

Carne de cerdo: la carne de cerdo es de color más o menos rosa. La textura es fina y ligera con grasa entreverada o cubriente. La carne es jugosa y se distingue por su ligero brillo. La parte más tierna y que cuece más deprisa es el solomillo.

Carne de ternera: la mejor es la de reses de ceba de cuatro a ocho meses. Su color oscila entre rosa-rojo suave e intenso. La carne especialmente blanca procede de terneras lechales y suele llevar como distintivo un marchamo especial. El solomillo es la parte más blanda y más cara y suele utilizarse preferentemente para medallones.

Carne de novillo: la de mejor calidad es la novillos de tres a cuatro años o la de los dos años. Su fibra es compacta y también con tiernos entreverados de grasa. El color de la carne oscila entre rojo vivo y rojo oscuro. La carne de novillo debe haber estado colgada varios días para que esté tierna, lo cual se comprueba por su color rojo intenso. Para platos rápidos son especialmente indicados el solomillo y el lomo.

Carne de cordero: la más tierna es la de cordero de unos seis meses y más aún la de cordero lechal. Pero también es muy buena y sabrosa la de cordero añojo de pasto o de establo. Su fibra es corta y su tejido poco graso. Las chuletas están rodeadas de una cinta de grasa. El color de la grasa debe ser casi blanco (otro indicio más de que la carne procede de un animal joven). Las partes más adecuadas para la parrilla o para asar brevemente son las chuletas y el solomillo.

Carne picada: puede prepararla con la carne que usted prefiera, siempre que disponga de una picadora. Picarla en casa tiene la ventaja de que resulta más fresca. Pero tampoco debe tener reparo alguno en adquirirla ya picada en la carnicería, dado que las normas sanitarias son muy severas al respecto. Sólo debe ser picada por carniceros profesionales y debe venderse el mismo día en que se ha picado. El contenido graso de las distintas carnes también está determinado oficialmente. Para el filete tártaro debe contener solamente un 6% de grasa como máximo; la carne picada de novillo, no más de un 20%, la de cerdo, 35% y la mezclada a base de novillo y cerdo, no más de un 30%. Las mismas normas rigen para los productos preparados o preelaborados de carne picada (hamburguesas en crudo). Si usted pide simplemente carne picada, el carnicero le venderá carne mixta. Si lo que desea es carne de novillo exclusivamente deberá advertírselo. También precisa una preparación especial la carne picada de cordero o ternera. La carne picada es ideal para la cocina rápida por lo pronto que cuece. Lo más recomendable es picarla el mismo día en que vaya a ser cocinada. Los posibles restos deben freírse para que se conserven dos o tres días más en el frigorífico o congelados.

Qué parte según qué plato

Filetes

Lo mismo los de cerdo que los de ternera, los filetes mejores son los de tapa, contra, cadera o babilla. Según su preparación y la cantidad de guarnición que lleven, la porción por persona suele oscilar entre los 150 y los 180 gramos. Los filetes deben tener un grosor de 1 cm.

Chuletas

Aquí debe tenerse en cuenta la proporción de carne y hueso. Existe una diferencia entre chuletas de lomo, de palo o de aguja. Las de palo tienen más hueso y están rodeadas de una ligera capa de grasa. Las chuletas de aguja apenas tienen hueso, pero sí más grasa. Las de lomo tienen a veces un trozo de solomillo adherido al hueso. Por lo general, se trata de chuletas de cerdo o cordero. Una chuleta de cerdo normal suele pesar de 180 a 200 gramos y una de lomo unos 200 gramos. Las chuletas de ternera pesan unos 200 gramos y las de cordero, que pueden ser dobles, pesan aproximadamente de 80 a 100 gramos.

Bistecs de solomillo
El bistec de solomillo es la parte de mejor calidad. Puede ser de cerdo o de ternera. Pero el más fino y sabroso es el de novillo. Debe estar bien reposado, tener un color rojo oscuro fuerte, un grosor de unos 3 cm y pesar entre 150 y 200 gramos.

Bistecs de lomo
Proceden de la parte del costillar y tienen el característico borde de grasa que debe ser cortado antes de freír el bistec, para evitar que quede ahuecado. Su carne es especialmente jugosa, tierna y magra. El tamaño normal por persona de cada medallón corresponde a un peso de 180 a 200 gramos.

Tournedos
Son pequeños filetes de solomillo de novillo, gruesos y con un peso comprendido entre 80 y 180 gramos.

Medallones
Son filetitos cortados de la parte estrecha del solomillo. Pueden ser de cerdo, novillo o ternera.

Ragús
Los ragús y la carne cortada en tiras proceden siempre de partes tiernas como lomo, solomillo, cadera y babilla. Primeramente se corta el trozo de carne en filetes y luego, según la clase de preparación, en dados o tiras. Debe procurarse que los trozos sean regulares para que todos queden en su punto al mismo tiempo. Cuando se vayan a hacer grandes cantidades, la carne debe freírse en tandas, ya que si se fríe toda al mismo tiempo –bien sea en cazuela o sartén– se forma líquido y la carne no queda dorada. Por persona debe calcular porciones de 150 a 180 gramos, según la guarnición.

Conservación de la carne

Como norma general, la carne debe prepararse cuanto antes mejor. Pero si tiene que conservarla, retírela del papel, póngala en una fuente y métala tapada en el frigorífico. Los bistecs conservados varios días en el frigorífico al sacarlos están más curados. Previamente se untan de aceite alrededor y se envuelven en papel de aluminio. La carne picada debe prepararse el mismo día. Si no fuera posible, puede freírla un poco o congelarla.

Consejos para una fritura correcta

– No salar la carne sino después de frita. La sal absorbe jugo y vuelve la carne dura y seca, a menos que esté empanada.
– Para dar la vuelta a la carne use una paleta de cocina, no lo haga nunca clavando en ella un tenedor, para que no suelte jugo y quede seca.
– El aceite debe estar bien caliente. Para probar la temperatura, vierta en él una gotita de agua y si se evapora chisporroteando será señal de que está suficientemente caliente para incorporar la carne.
– Todos los trozos de carne deben colocarse en la sartén. Si no caben es preferible usar dos sartenes o freír varios trozos por separado.

La sartén adecuada

Todo depende del fondo. Una buena sartén debe tener el fondo grueso y el borde ligeramente curvado hacia arriba. De ese modo es mejor el contacto con la placa de cocina y transmite el calor a la carne de forma más uniforme. La placa de la cocina deberá tener aproximadamente el mismo diámetro que el de la sartén. Hay sartenes de diferentes materiales más o menos adecuadas al uso que se piense

hacer de ellas. Como norma general deberá adquirir las de mejor calidad. Aunque sean más caras, el gasto merece la pena por sus resultados.

Las sartenes de acero inoxidable con el fondo sin revestir son ideales para obtener bistecs, chuletas o filetes bien fritos. Las sartenes con el fondo estriado tienen en cierto modo algo de parrilla: con ellas se necesita menos grasa y la carne se fríe antes. Las sartenes de hierro fundido con fondo antiadherente son especialmente indicadas para hacer carne salteada, ragús y carne empanada. Las sartenes de hierro martelé son ideales para bistecs o para freír cualquier otra carne en

breve tiempo debido a que pueden calentarse a elevada temperatura. Una vez lavadas deben secarse inmediatamente, pues se oxidan con facilidad. Para lavar las sartenes no deben usarse productos fuertes ni estropajos metálicos.

Si alguna vez se queda algo pegado en ellas es preferible dejar que se ablande un tiempo con un poco de agua y unas gotas de lavavajillas, y luego lavarlas a fondo bajo el chorro del agua caliente y secarlas bien.

Tabla para bistecs

Peso	Tiempo	Resultado
180–200 g	5 minutos	muy hecho (*well done, bien cuit*) rosa por dentro, costra por fuera (*medium, à point*)
180–200 g	3 minutos	
180–200 g	2 minutos	rosa por dentro, centro sangrando (*rare, saignant*)
180–200 g	1 minuto	marrón por fuera, casi crudo por dentro (*raw, bleue*)

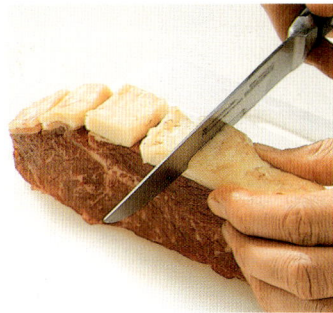

Una sartén idónea es condición indispensable para freír correctamente bistecs y otras carnes de fritura rápida o salteados. Conviene, pues, no tener demasiado en cuenta el precio, sino la calidad.

1 Modo de dar forma a los tournedos, atándolos con bramante. Si se rodean con una tira de tocino antes de atarlos, la carne quedará más jugosa.

2 El «falso filete de lomo» (sacado del rosbif plano) tiene por un lado un borde de grasa que debe cortarse en trozos con una separación de 2 cm.

3 El entrecot tiene un nervio al que es preciso darle un corte para que la carne no se arquee al freírla.

Chuletas de cordero empanadas a las hierbas

Ingredientes para 4 personas:
4 chuletillas dobles de cordero lechal de 180 g cada una
Sal
Pimienta negra recién molida
3 cucharadas de harina
1 ramillete de perejil
3 o 4 dientes de ajo
6 cucharadas de pan rallado
1 huevo
3 cucharadas de aceite de oliva
1 ramita de romero fresco

Especialidad griega

Por persona:
3400 Kj/810 kcal · 29 g de proteínas · 68 g de grasa · 23 g de hidratos de carbono

- Tiempo de preparación: 35 minutos

1. Lavar y secar las chuletas, sazonarlas con sal y pimienta y enharinarlas.

2. Lavar el perejil y secarlo sacudiéndolo. Picar las hojitas y ponerlas en un recipiente. Añadir los ajos prensados y el pan rallado. Mezclar todo bien y salpimentar al gusto. Poner la mezcla en un plato plano.

3. Batir el huevo, pasar las chuletas primeramente por el huevo batido y luego por el pan rallado apretándolo bien para que queden impregnadas. Lavar el romero y soltar las púas.

4. Calentar el aceite en una sartén amplia, añadir el romero y freír las chuletillas 2 o 3 minutos por cada lado hasta dorarlas. Se sirven con ensalada y pan blanco de barra.

Filetes de ternera con salsa de alcaparras al limón

El limón puede sustituirse por naranja o pomelo.

Ingredientes para 4 personas:
4 filetes de ternera de 180 g cada uno
2 cucharadas de mantequilla clarificada
Sal
Pimienta blanca recién molida
2 limones
200 g de crema fresca
Salsa Worcester
2 cucharadas de alcaparras

Fácil

Por persona:
1900 kj/450 kcal · 39 g de proteínas · 32 g de grasa · 4 g de hidratos de carbono

- Tiempo de preparación: 20 minutos

1. Lavar y secar la carne. Calentar la mantequilla en una sartén y freír los filetes por ambos lados. Salpimentarlos, sacarlos de la sartén y reservarlos tapados.

2. Cortar los limones a la mitad y exprimir 3 mitades. Retirar la grasa y mojar el fondo de freír con el zumo de limón: añadir la crema fresca y dejar que dé un hervor removiendo. Sazonar con sal, pimienta y salsa Worcester y, finalmente, incorporar las alcaparras.

3. Introducir los filetes en la salsa y calentarlos 3 minutos.

4. Cortar la mitad del limón sobrante en rodajas finas. Servir los filetes en cuatro platos precalentados y adornar con el limón. Como guarnición una ensalada mixta y cintas de pasta.

En primer término:
Chuletas de cordero empanadas a las hierbas
En segundo término:
Filetes de ternera con salsa de alcaparras al limón

Chuletas de cerdo con aceitunas

Ingredientes para 4 personas:

4 chuletas de cerdo de 180 g cada una

3 cucharadas de aceite de oliva

Sal

Pimienta negra recién molida

3 dientes de ajo

4 tomates (unos 600 g)

1 cucharadita de hierbas provenzales

100 g de aceitunas negras deshuesadas

1/2 ramillete de albahaca

Fácil

Por persona:
2500 kj/600 kcal · 36 g de proteínas · 48 g de grasa · 7 g de hidratos de carbono

• Tiempo de preparación:
40 minutos

1. Lavar y secar las chuletas. Calentar el aceite en una sartén y freír las chuletas por ambos lados a fuego fuerte. Salpimentarlas y conservarlas calientes.

2. Pelar los ajos, prensarlos directamente en la sartén y rehogarlos en la grasa de freír la carne.

3. Escaldar los tomates con agua hirviendo y pelarlos, sacar

las semillas y picar la pulpa. Añadir los ajos y sazonar con sal, pimienta y las hierbas provenzales. Dejar cocer 10 minutos a fuego lento.

4. Incorporar las aceitunas y mezclarlas con el tomate. Meter las chuletas con su jugo en la sartén y calentarlas 5 minutos.

5. Lavar y secar la albahaca y arrancar las hojitas de los tallos. Servir las chuletas en 4 platos precalentados y espolvorearlas con la albahaca. Como guarnición unas patatas pequeñas cocidas enteras y fritas en mantequilla.

Solomillo con crema de colmenillas

Ingredientes para 4 personas:

25 g de colmenillas secas

4 bistecs de solomillo de novillo de 180 g cada uno

1 cucharada de aceite

1 cucharada de mantequilla

Sal

Pimienta blanca recién molida

2 cl de coñac

200 g de crema fresca

Para invitados

Por persona:
2000 kj/480 kcal · 36 g de proteínas · 33 g de grasa · 2 g de hidratos de carbono

• Tiempo de preparación:
50 mintutos

1. Hervir 1/4 l de agua, rociar con ella las setas y dejarlas 30 minutos en remojo. Lavar y secar la carne.

2. Calentar en una sartén el aceite y la mantequilla y freír el solomillo 2 minutos por cada lado a fuego fuerte. Sacar de la sartén, salpimentar al gusto y reservar tapado.

3. Colar el agua de remojar las setas con un filtro de café para que no pase la arena que contienen éstas. Aclarar bien las setas con agua fría. Dejar enteras las pequeñas y cortar las grandes a la mitad o en cuartos. Rehogarlas en la grasa de freír la carne.

4. Agregar el agua de remojo y dejar cocer hasta que se reduzca a un tercio. Añadir el coñac y la crema fresca y mezclar todo bien. Dejar hervir la salsa hasta que espese y esté cremosa. Salpimentar.

5. Introducir el solomillo con su jugo en la salsa y calentarlo. Servir como guarnición patatas pequeñas cocidas al vapor y cebolletas tempranas rehogadas en mantequilla.

En primer término:
Solomillo con crema de colmenillas
En segundo término:
Chuletas de cerdo con aceitunas

Saltimbocca a la romana

La salvia es una de las hierbas más antiguas utilizada como medicamento y también como condimento. Ya era conocida por los antiguos griegos y romanos que la utilizaban ampliamente.

Ingredientes para 4 personas:
4 filetes finos de ternera de 120 g cada uno
Pimienta negra recién molida
4 hojas grandes de salvia
4 lonchas de jamón serrano
2 cucharadas de mantequilla
Sal
6 cl de vino de Marsala

Especialidad italiana

Por persona:
1200 kj/290 kcal · 29 g de proteínas · 15 g de grasa · 2 g de hidratos de carbono

● Tiempo de preparación:
  15 minutos

1. Lavar la carne, secarla y sazonarla con pimienta. Sujetar con un palillo en cada filete una hoja de salvia y una loncha de jamón.

2. Calentar la mantequilla en una sartén y freír la carne 2 minutos por cada lado, secarla, salar al gusto y mantener en sitio caliente.

3. Verter el Marsala en la sartén, reducirlo a fuego fuerte hasta que esté cremoso y sazonar abundantemente con sal y pimienta. Puede acompañarse con pan blanco de pueblo para mojar en la salsa. En Italia hacer esto es un cumplido para la cocinera.

Filetes con pimientos

Ingredientes para 4 personas:
1 pimiento verde y 1 rojo, pequeños
2 cebollas
2 dientes de ajo
4 filetes de ternera o cerdo de 150 g cada uno
3 cucharadas de aceite
2 cucharadas de mantequilla
Sal
Pimienta negra recién molida
1 cucharada de pimentón dulce
1 cucharadita de pimentón picante
3 cucharadas de tomate concentrado
1/4 l de vino blanco seco
125 g de nata

Fácil

Por persona:
1300 kj/310 kcal · 32 g de proteínas · 15 g de grasa · 5 g de hidratos de carbono

● Tiempo de preparación:
  45 minutos

1. Lavar los pimientos, cortarlos a la mitad a lo largo y sacar las semillas y las pieles interiores. Aclararlos de nuevo y cortarlos en juliana fina.

2. Pelar las cebollas y los ajos, cortar las cebollas en aros finos y picar los ajos.

3. Calentar el aceite en una sartén y freír los filetes 2 minutos por cada lado, sacarlos de la sartén, ponerlos en un plato precalentado y sazonarlos con sal y pimienta. Mantenerlos calientes.

4. Retirar la grasa de la sartén y derretir en ella la mantequilla. Rehogar la cebolla y el ajo a fuego suave, removiendo de vez en cuando, hasta que la cebolla esté dorada. Pasados 5 minutos añadir los pimientos.

5. Espolvorear con el pimentón y añadir el tomate concentrado. Agregar poco a poco el vino blanco y la nata, dejar que dé un hervor y cocer a fuego medio hasta que espese la salsa. Salpimentar al gusto y calentar los filetes en la salsa. Se sirve con arroz blanco mezclado con pipas de girasol tostadas.

En primer término:
Filetes de cerdo con pimientos
En segundo término:
Saltimbocca a la romana

Tournedós con espárragos trigueros

Un plato exquisito que puede prepararse también con judías verdes, cuando haya finalizado la temporada de los espárragos.

Ingredientes para 4 personas:
1 kg de espárragos trigueros
Sal
1/2 cucharadita de azúcar
1 cucharada de zumo de limón
2 cucharadas de crema doble
Pimienta negra recién molida
4 bistecs de solomillo de novillo de 150 g cada uno
2 cucharadas de mantequilla

Para invitados

Por persona:
1200 kj/290 kcal · 33 g de proteínas · 15 g de grasa · 5 g de hidratos de carbono

- Tiempo de preparación: 40 minutos

1. Pelar los espárragos en los extremos inferiores, lavarlos y cortarlos a la mitad. Hervir 1 1/2 l de agua en una cazuela grande, añadir sal, azúcar y zumo de limón y cocer dentro los espárragos durante 8 minutos. Sacar las puntas del agua y mantenerlas calientes.

2. Cocer los troncos 5 minutos más, sacarlos y hacer con ellos un puré en la mezcladora. Ponerlo en una cazuela pequeña y añadirle la crema doble. Dar un hervor y salpimentar.

3. Lavar y sacar los tournedos y atarlos con hilo de cocina todo alrededor para darles forma. Freírlos en la mantequilla 3 o 4 minutos por cada lado. Retirarlos del fuego y salpimentarlos.

4. Repartir la crema de espárragos en cuatro platos precalentados, poner encima las puntas de espárrago y colocar al lado los tournedos.

Bistecs de lomo gratinados

Los berros pueden sustituirse por cebollino, perejil o perifollo.

Ingredientes para 4 personas:
100 g de queso Emmental
2 puñados grandes de berros
5 cucharadas de crema fresca
Sal
Pimienta blanca recién molida
Nuez moscada recién rallada
4 bistecs de lomo de 180 g cada uno
2 cucharadas de aceite
Mantequilla para la fuente

Rápida

Por persona:
2100 kj/500 kcal · 45 g de proteínas · 35 g de grasa · 1 g de hidratos de carbono

• Tiempo de preparación: 30 minutos

1. Precalentar el horno a 250 °C. Rallar el queso en forma gruesa, lavar los berros y escurrirlos bien. Poner el queso en un bol y cortar los berros encima.

2. Añadir la crema fresca y mezclarla bien: sazonar con sal, pimienta y nuez moscada. Lavar y secar la carne.

3. Calentar el aceite en una sartén grande y freír los bistecs 3 minutos por cada lado. Sacarlos y salpimentarlos. Engrasar con mantequilla de gratinar y colocar dentro la carne.

4. Verter por encima la mezcla de queso y berros y meter al centro del horno durante 10 minutos hasta que se dore la superficie. Se sirve con patatas fritas y ensalada de tomate.

Filetes de ternera gratinados

El queso Gouda puede sustituirse por otra clase de queso, como Emmental o Mozzarela cortado en lonchas.

Ingredientes para 4 personas:
4 filetes de ternera de 150 g cada uno
2 cucharadas de mantequilla clarificada
Sal
Pimienta negra recién molida
1 cucharadita de tomillo seco
150 g de queso Gouda, semi-curado, rallado
4 cucharadas de crema fresca
Grasa para la fuente

Fácil

Por persona:
1500 kj/360 kcal · 41 g de proteínas · 22 g de grasa · 1 g de hidratos de carbono

● Tiempo de preparación: 25 minutos

1. Precalentar el horno a 250 °C. Lavar y secar los filetes. Freírlos en la mantequilla a fuego fuerte, sacarlos de la sartén y sazonarlos al gusto con sal, pimienta y la mitad del tomillo.

2. Mezclar el queso Gouda con la crema fresca, añadir el resto del tomillo y sazonar la mezcla con sal y pimienta.

3. Engrasar una fuente refractaria, colocar dentro los filetes y rociarlos con la crema de queso. Meter al centro del horno y gratinarlos 10 o 15 minutos, hasta que se haya dorado la superficie. Se sirven con espinacas al ajillo y rösti de patatas.

Solomillo con salsa de sidra

Ingredientes para 4 personas:
3 cucharadas de aceite
4 bistecs de solomillo de novillo de 180 g cada uno
Sal
Pimienta negra recién molida
1/4 de l de sidra
150 g de crema fresca
Nuez moscada recién rallada
1 cucharadita de salsa Worcester
1 cucharadita de zumo de limón

Refinada

Por persona:
1700 kj/400 kcal · 35 g de proteínas · 27 g de grasa · 2 g de hidratos de carbono

● Tiempo de preparación: 20 minutos

1. Calentar el aceite en una sartén grande y freír la carne 2 minutos por cada lado a fuego fuerte. Sacar de la sartén, colocarlos en una fuente uno al lado de otro y salpimentarlos. Taparlos y reservarlos.

2. Quitar la grasa de la sartén y mojar el fondo de fritura con la sidra hasta que hierva. Añadir la crema fresca y dejar cocer a fuego medio hasta que la salsa quede reducida un tercio y tenga una consistencia cremosa.

3. Sazonar la salsa con sal, pimienta, nuez moscada, salsa Worcester y zumo de limón. Introducir en la salsa los bistecs y el jugo que hayan soltado y calentarlos un momento.

4. Servirlos en platos precalentados y rociarlos con la salsa de sidra. Como guarnición rösti de patata y ensalada de tomate.

En el plato:
Solomillo con salsa de sidra
En la fuente:
Filetes de ternera gratinados

FILETES Y CHULETAS

Bistecs de cordero con salsa de almendras

Ingredientes para 4 personas:
2 ramas de romero fresco
2 cucharadas de zumo de limón
4 cucharadas de aceite de oliva
4 bistecs de cordero lechal, de la pierna, de 180 g cada uno
Sal, pimienta negra molida
100 g de almendras peladas
5 dientes de ajo
150 g de yogur cremoso
2 ramilletes de perejil
2 cucharadas de mantequilla

Refinada

Por persona:
2300 kj/550 kcal · 43 g de proteínas · 38 g de grasa · 6 g de hidratos de carbono

• Tiempo de preparación: 30 minutos

1. Lavar y escurrir el romero. Arrancar las púas del tallo, picarlas finamente y mezclarlas con 1 cucharada de zumo de limón y el aceite de oliva. Salpimentar los bistecs por ambos lados, untarlos con la mezcla con ayuda de un pincel y reservarlos tapados.

2. Añadir a la masa de almendra el yogur y el zumo de limón sobrante y sazonar con

sal y pimienta. Lavar y secar el perejil, picar las hojitas y añadirlas también a la mezcla.

3. Calentar la mantequilla en una sartén y freír los bistecs 3 o 4 minutos por cada lado. Servirlos con la salsa de almendra, una ensalada de tomate, cebolletas y aceitunas negras y acompañar con pan de pueblo tostado.

Medallones de ternera con salsa de azafrán

Ingredientes para 4 personas:
750 g de solomillo de ternera
Pimienta blanca recién molida
Nuez moscada, recién rallada
4 cucharadas de harina
2 cucharadas de aceite
2 chalotas
2 cucharadas de mantequilla
Azafrán molido, sal
1/8 l de vino blanco seco
200 g de crema doble

Para invitados

Por persona:
2200 kj/520kcal · 41 g de proteínas · 33 g de grasa · 11 g de hidratos de carbono

• Tiempo de preparación: 35 minutos

1. Lavar y secar la carne y cortarla en 12 o 16 medallones, o mandárselo hacer al carnicero. Salpimentar por ambos lados y espolvorear con nuez moscada. Pasar los filetitos por harina sacudiendo la sobrante.

2. Calentar el aceite en una sartén y freír los medallones por ambos lados, poco tiempo y a fuego fuerte. Taparlos y reservarlos en una fuente.

3. Pelar las chalotas y picarlas finas. Quitar la grasa de la sartén, derretir la mantequilla y glasear las chalotas hasta que estén tiernas. Espolvorear con el azafrán, agregar el vino y dejar reducir a la mitad.

4. Finalmente incorporar la crema y remover dejando que hierva 5 minutos a fuego suave hasta que esté cremosa. Salpimentar. Servir los medallones en platos precalentados. Una guarnición excelente es arroz silvestre, no sólo sabe bien sino que es también muy decorativo.

En primer término:
Medallones de ternera con salsa de azafrán
En segundo término:
Bistecs de cordero con salsa de almendras

Solomillo de cordero con mantequilla a la menta

Ingredientes para 4 personas:
2 manojitos de menta fresca
100 g de almendras molidas
200 g de mantequilla blanda
Pimienta blanca recién molida
Pimienta de Cayena, sal
2 solomillos de cordero (800 g)
2 cucharadas de aceite
2 calabacines pequeños
4 tomates

Refinada

Por persona:
3700 kj/880 kcal · 59 g de proteínas · 69 g de grasa · 8 g de hidratos de carbono

● Tiempo de preparación:
45 minutos

1. Precalentar el horno a 200 °C, lavar, escurrir y picar la menta. Mezclar con las almendras y la mantequilla, salpimentar y mantener en sitio fresco.

2. Salpimentar los solomillos, untarlos de aceite y espolvorear con pimienta de Cayena. Cubrir la placa con papel de aluminio y colocar los solomillos. Hornearlos 20 minutos dándoles una vez la vuelta.

3. Lavar los calabacines, quitar los rabillos y cortarlos en cuatro lonchas. Salpimentar y meterlos al horno 15 minutos dándoles una vez la vuelta.

4. Lavar los tomates y hacerles un corte en cruz; salpimentar y meterlos al horno 10 minutos.

5. Cortar los solomillos en lonchas de 1/2 cm de gruesas. Servir con las verduras y la mantequilla de menta.

Solomillo de cerdo hervido

Ingredientes para 4 personas:
400 g de patatas
250 g de zanahorias
500 g de col verde rizada
750 g de solomillo de cerdo
2 cucharadas de mantequilla
1/4 l de caldo de carne
1/4 l de vino blanco seco
1 cucharadita de pimienta negra en grano, y otra molida
1/2 cucharadita colmada de tomillo seco
Sal, 1 hoja de laurel
3 cucharadas de crema fresca

Fácil

Por persona:
2500 kj/600 kcal · 42 g de proteínas · 31 g de grasa · 24 g de hidratos de carbono

● Tiempo de preparación:
45 minutos

1. Pelar las patatas y las zanahorias, lavarlas y cortarlas en tiras de 3 cm. Cortar la col en cuatro trozos y retirar las hojas exteriores y el tronco. Lavarla y escurrirla y cortarla en tiras de 1 cm.

2. Limpiar la carne de nervios y grasa y freírla toda alrededor en la mantequilla durante 4 minutos. Salarla y reservarla.

3. Rehogar las zanahorias en la misma grasa de 1 o 2 minutos a fuego suave y agregar el caldo y el vino. Añadir las patatas, la col, los granos de pimienta, el laurel y el tomillo, dejar que dé todo un hervor y salar al gusto. Finalmente añadir el solomillo al caldo y dejar que cueza tapado 15 minutos a fuego lento.

4. Sacar del caldo la carne y las verduras con ayuda de una espumadera y mantener todo caliente. Colar el caldo a otra cazuela, añadirle la crema fresca y dejar que hierva hasta que se reduzca un tercio. Salpimentar.

5. Cortar la carne en filetes finos y presentar con las verduras. Servir la salsa en salsera aparte.

Sobre la bandeja:
Solomillo de cordero con mantequilla de menta
En el plato:
Solomillo de cerdo hervido

Solomillo de cerdo en hojaldre

Una variante rápida del famoso solomillo Wellington.

Ingredientes para 4 personas:
300 g de hojaldre congelado
1 panecillo del día anterior
700 g de solomillo de cerdo
2 cucharadas de mantequilla
1 cucharada de aceite
Sal
Pimienta negra recién molida
1 cebolla
500 g de champiñones
2 dientes de ajo
2 cucharadas de queso parmesano rallado
1 ramillete de perejil
1 yema de huevo
El zumo de 1/2 limón
Nuez moscada recién rallada
1 huevo

Para invitados

Por persona:
3200 kj/760 kcal · 45 g de proteínas · 51 g de grasa · 32 g de hidratos de carbono

- Tiempo de preparación: 1 hora

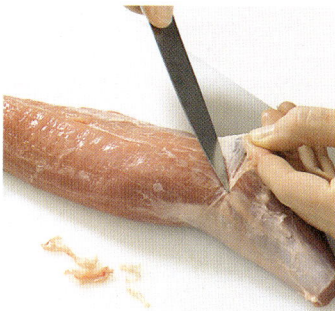

1. Colocar tres placas de hojaldre sobre una superficie enharinada (el resto puede congelarlo) y dejar que se descongelen. Remojar el panecillo en agua fría.

2. Limpiar el solomillo de pieles y nervios. Calentar la mantequilla y el aceite en una sartén, freír el solomillo bien todo alrededor y salpimentarlo.

3. Pelar la cebolla y picarla. Limpiar los champiñones y lavarlos si es necesario. Cortarlos en laminillas y freírlos con la cebolla hasta que se haya evaporado el líquido. Retirar del fuego y dejar enfriar.

4. Exprimir bien el panecillo y pelar los ajos. Meter el pan en la mezcladora con los ajos, el queso parmesano y los champiñones rehogados y hacer con todo un puré fino. Poner la masa en un recipiente hondo.

5. Lavar el perejil, secarlo y picarlo en forma gruesa. Añadirlo a la farsa con la yema y el zumo de limón y mezclar bien. Sazonar abundantemente con sal, pimienta y nuez moscada.

6. Precalentar el horno a 200 °C. Juntar las placas de hojaldre y hacer un rectángulo (más grande que el solomillo). Extender encima la mitad de la farsa dejando libres los bordes. Separar la clara y pintar con ella los bordes de la masa.

7. Colocar encima el solomillo y cubrirlo con el resto de farsa, doblar la masa y formar un rollo presionando bien los extremos. Batir la yema en una taza y pintar con ella el hojaldre.

8. Enjuagar una placa de horno con agua fría, poner encima la carne y cocerla al horno (centro) durante 40 minutos.

Consejo

Si no dispone de congelador puede utilizar el resto de hojaldre para hacer unas pastitas que podrá servir con un consomé o para picar como aperitivo. Para ello estirar la masa dejando un grueso de 3 mm. Batir 1 yema de huevo con un poco de leche y pintar con ello la placa de masa. Al gusto puede espolvorearla con sal y pimienta o con queso rallado y avellanas o nueces picadas. Con una rueda de empanadillas cortar triángulos de la masa o cualquier otra forma que más le agrade. Puede añadir, además, comino y pimentón a las pastas. Cubrir la placa de horno con papel de repostería y cocer las pastas en el centro del horno 15 minutos a 200 °C.

Carne de novillo marinada

Ingredientes para 4 personas:
750 g de carne de novillo
1 chili, 4 dientes de ajo
1 cucharatida de cáscara de limón
4 cucharadas de salsa de soja
4 cucharadas de aceite, sal
Pimienta negra recién molida
200 g de zanahorias
1/8 l de caldo de carne
1 ramillete de perejil

Fácil

Por persona:
1600 kj/380 kcal · 33 g de proteínas · 26 g de grasa · 5 g de hidratos de carbono

- Tiempo de preparación:
  1 hora

1. Cortar la carne en rodajas y luego en tiras finas.

2. Lavar el chili, abrirlo y sacar las semilllas. Cortarlo en aros y ponerlos en una fuente. Pelar los ajos y prensarlos. Añadir la carne, la cáscara de limón, la salsa de soja y 2 cucharadas de aceite y mezclar todo bien. Salpimentar y mantener tapado en el frigorífico unos 30 minutos.

3. Pelar las zanahorias, lavarlas y rallarlas. Sacar la carne de la marinada y escurrirla. Calentar el resto de aceite y saltear la carne a fuego fuerte.

4. Añadir la zanahoria y regar con el caldo de carne y la marinada, dar un hervor, tapar la sartén y dejar estofar 10 minutos a fuego lento.

5. Lavar y secar el perejil y picar las hojas no demasiado finas. Espolvorear la carne con ello antes de llevar a la mesa.

Solomillo a la crema de cebolleta

Ingredientes para 4 personas:
250 g de tirabeques
Sal
1/2 manojo de cebolletas
750 g de solomillo de ternera
200 g de crema fresca
Pimienta blanca recién molida
1 cucharada de zumo de limón
3 cucharadas de mantequilla

Para invitados

Por persona:
1600 kj/380 kcal · 44 g de proteínas · 19 g de grasa · 10 g de hidratos de carbono

- Tiempo de preparación:
  1 hora

1. Lavar los tirabeques y cortar las puntas. Cocerlos en agua con sal 2 minutos, sacarlos y pasarlos por agua muy fría.

2. Limpiar y lavar las cebolletas en trozos gruesos. Cocerlas 10 minutos en la misma agua de sal, sacarlas y escurrirlas. Dejar enfriar ligeramente.

3. Hervir el agua de cocer las verduras y pochar el solomillo 15 minutos a fuego suave.

4. Hacer un puré en la mezcladora con las cebolletas y la crema fresca. Calentarlo lentamente en un cazo y sazonarlo con sal, pimienta y zumo de limón.

5. Sacar la carne del caldo, salpimentarla al gusto y envolverla en papel de aluminio. Mantenerla en sitio caliente durante 10 minutos.

6. Derretir la mantequilla en un cazo, saltear en ella los tirabeques y sazonarlos con sal y pimienta.

7. Cortar el solomillo en filetes y servirlos con la salsa y los tirabeques en cuatro platos precalentados. Acompañar con patatas nuevas cocidas con piel.

En el plato:
Solomillo a la crema de cebolleta
En segundo término:
Carne de novillo marinada

Medallones de cerdo con costrada de cebolla

Ingredientes para 4 personas:
1 cucharada de mantequilla
1 cucharada de vinagre de vino
150 g de crema fresca
3 cucharadas de mostaza
Sal, 400 g de cebollas
Pimienta negra recién molida
600 g de solomillo de cerdo
Pimentón dulce, azúcar
200 g de tocino de jamón
Grasa para la fuente de horno

Refinada

Por persona:
3200 kj/760 kcal · 35 g de proteínas · 65 g de grasa · 8 g de hidratos de carbono

- Tiempo de preparación: 50 minutos

1. Pelar las cebollas y picarlas gruesas. Derretir la mantequilla en una sartén y rehogar 5 minutos a fuego medio.

2. Agregar el vinagre y dejar cocer hasta que se haya evaporado el líquido. Añadir la crema fresca y cocer suave 5 minutos.

3. Añadir la mostaza y sazonar con sal, azúcar y pimienta. Retirar la sartén y dejar enfriar.

4. Precalentar el horno a 225 °C. Limpiar el solomillo de pieles y nervios y cortarlo en filetes de 2 cm de grueso, aplastarlos con la mano y sazonarlos con sal, pimienta y pimentón.

5. Doblar el tocino del jamón para que quede un poco más grande que los filetes y colocar un filete encima de cada loncha de tocino. Engrasar una fuente de horno y colocar dentro la carne con el tocino.

6. Extender por encima la masa de cebolla y meter al horno (centro) 20 minutos hasta que esté dorada la superficie.

Solomillo a la crema de pimienta

Ingredientes para 4 personas:
600 g de solomillo de novillo
2 cucharadas de mantequilla
Pimienta negra recién molida
1 chalota, sal
1 cucharada de mantequilla
1/8 l de vino blanco seco
150 g de crema fresca
1/2 cucharadita de mostaza picante
2 cucharadas de mostaza verde
2 cucharadas de mostaza roja
1 cucharadita de zumo de limón

Fácil

Por persona:
1600 kj/380 kcal · 30 g de proteínas · 26 g de grasa · 3 g de hidratos de carbono

- Tiempo de preparación: 30 minutos

1. Lavar y secar el solomillo y cortarlo en filetes de 2 cm de grueso. Calentar la mantequilla en una sartén y freír los bistecs a fuego fuerte 2 minutos por cada lado. Sacarlos de la sartén y servirlos en un plato precalentado. Salpimentar y mantener tapados en sitio caliente.

2. Quitar la grasa de la sartén, pelar y picar la chalota y glasearla en 1 cucharada de mantequilla a fuego muy suave.

3. Agregar el vino y dejar hervir hasta que se reduzca un tercio. Incorporar la crema fresca, la mostaza y la pimienta en grano. Dejar cocer a fuego medio, removiendo de vez en cuando, hasta conseguir la consistencia deseada. Sazonar con sal, pimienta y zumo de limón.

4. Meter en la salsa los filetes de solomillo con su jugo y calentarlos un momento antes de servir.

En primer término:
Solomillo a la crema de pimienta
En segundo término:
Carne de novillo marinada

Solomillo de cerdo con empanado de almendra

Ingredientes para 4 personas:

600 g de solomillo de cerdo

2 cucharadas de harina

Sal

Pimienta negra recién molida

100 g de almendras fileteadas

2 yemas de huevo

3 cucharadas de mantequilla clarificada

Fácil

Por persona:
2300 kj/550 kcal · 35 g de proteínas · 42 g de grasa · 6 g de hidratos de carbono

- Tiempo de preparación: 25 minutos

1. Lavar el solomillo, secarlo y limpiarlo de pieles y nervios. Cortarlo en lonchas gruesas.

2. Pasarlas por harina y sazonarlas con sal y pimienta. Poner en un plato las almendras.

3. Batir las yemas en un plato sopero, pasar el solomillo por el huevo y luego por las almendras presionando para que queden bien adheridas a la carne.

4. Calentar la mantequilla en una sartén y freír el solomillo 2 o 3 minutos por cada lado. Mantener en sitio caliente hasta freír todos los filetes. Se sirve con ensalada mixta y vinagreta a la mostaza.

Solomillo con sabayón a la albahaca

Ingredientes para 4 personas:

300 g de judías verdes

1 manojo de zanahorias

500 g de patatas harinosas

1 1/4 l de caldo de carne

750 g de solomillo de novillo

1 ramillete de albahaca

4 yemas de huevo

1/8 l de vino blanco seco

0,1 l de caldo de carne

Sal

Pimienta blanca recién molida

Exquisita

Por persona;
1800 k /430 kcal · 39 g de proteínas · 14 g de grasa · 29 g de hidratos de carbono

- Tiempo de preparación: 50 minutos

1. Lavar las judías verdes, cortar las puntas y dejarlas enteras. Pelar y lavar las zanahorias; pelar y lavar las patatas y cortarlas en trozos regulares.

2. Hervir el caldo en una cazuela grande y pochar dentro el solomillo 5 minutos a fuego muy suave, sin que el caldo llegue a cocer.

3. Añadir las verduras a la carne y dejar que cueza todo suavemente 20 minutos. Lavar la albahaca, escurrirla y picar solamente las hojas

4. Sacar la carne del caldo, envolverla en papel de aluminio y dejar reposar 10 minutos. Sacar las verduras con una espumadera y servirlas en una fuente precalentada. Tapar y mantener caliente. El caldo puede utilizarse para otra cosa.

5. Batir las yemas al baño María en un recipiente de acero inoxidable procurando que el agua esté bien caliente sin que llegue a hervir. Sin dejar de batir con las varillas añadir poco a poco el vino y el caldo hasta que la salsa tenga un punto de espuma. Salpimentar y añadir la albahaca. Cortar el solomillo en rodajas y servirlo con las verduras. El sabayón servirlo en salsera aparte.

Foto superior:
Solomillo con sabayón
a la albahaca
Foto inferior:
Solomillo de cerdo con empanado
de almendra

Ragú de cerdo a la cerveza

Ingredientes para 4 personas:
750 g de pescuezo de cerdo
2 cucharadas de aceite
Sal
Pimienta negra recién molida
1/2 cucharadita de pimentón dulce
100 g de bacon
1 cucharadita de tomillo seco
250 g de chalotas
1/2 l de cerveza
1 cucharadita de fécula de maíz
2 ramilletes de perejil

Económica

Por persona:
2700 kj/640 kcal · 38 g de proteínas · 50 g de grasa · 8 g de hidratos de carbono

• Tiempo de preparación:
1 hora

1. Lavar la carne y secarla; trocearla y rehogarla en aceite hasta que esté dorada. Sazonar con sal, pimienta y pimentón.

2. Quitar la corteza al bacon, cortarlo en dados pequeños y añadirlo a la carne con el tomillo. Estofar todo 10 minutos más.

3. Pelar las chalotas, cortar las grandes a la mitad y dejar enteras las pequeñas. Añadirlas a la carne, regar con la cerveza y seguir cociendo tapado a fuego medio 30 minutos más.

4. Desleír la fécula en un poco de agua fría y añadirla al ragú. Rectificar de sal y pimienta si fuera necesario. Lavar y picar el perejil y espolvorear con él el ragú antes de llevarlo a la mesa.

Ragú de cordero con brécol

Ingredientes para 4 personas:
500 g de tomates
750 g de pierna de cordero
2 cebollas
3 cucharadas de aceite de oliva
3 dientes de ajo
2 cucharadas de tomate
Sal
Pimienta negra recién molida
1/4 l de caldo de carne o fondo de carne de cordero
1 rama de romero fresco (o 1 cucharadita de romero seco)
400 g de brécoles
3 cucharadas de piñones

Para invitados

Por persona:
2600 kj/620 kcal · 40 g de proteínas · 47 g de grasa · 12 g de hidratos de carbono

• Tiempo de preparación:
1 hora

1. Escaldar los tomates con agua hirviendo, pelarlos y picarlos gruesos. Cortar la carne en trozos de un dedo de gruesos, pelar y picar las cebollas finamente.

2. Calentar el aceite en una sartén grande y saltear la carne a fuego fuerte. Sacar de la sartén y reservar.

3. Glasear las cebollas en la grasa de la sartén, añadir los ajos prensados y el tomate concentrado y rehogar todo ligeramente. Introducir de nuevo en la sartén la carne con su jugo y sazonar con sal y pimienta. Agregar el caldo de carne, los tomates picados y el romero y dejar estofar 25 minutos.

4. Limpiar los brécoles, lavarlos y separarlos en rosetas. Pelar los troncos y cortarlos en rodajitas. Blanquearlos en agua de sal durante 3 minutos, sacarlos del agua con una espumadera y refrescarlos con agua fría y escurrirlos bien.

5. Tostar los piñones a fuego medio en una sartén sin grasa y añadirlos al ragú junto con los brécoles. Mezclar bien y seguir cociendo 10 minutos más a fuego medio. Rectificar de sal y pimienta si es necesario.

En primer término:
Ragú de cerdo a la cerveza
En segundo término:
Ragú de cordero con brécol

Ragú de cordero con orejones

Los albaricoques secos, orejones, pueden sustituirse en verano por albaricoques frescos.

Ingredientes para 4 personas:
600 g de paletilla de cordero
2 cucharadas de aceite
2 cebollas grandes
2 cucharadas de curry
1 pizca de cilantro molido
Sal
Pimienta negra recién molida
1/2 l de caldo de carne
250 g de orejones
1 manojo de cebolletas

Refinada

Por persona:
2500 kj/600 kcal · 32 g de proteínas · 33 g de grasa · 40 g de hidratos de carbono

- Tiempo de preparación: 50 minutos

1. Lavar y secar la carne, trocearla en dados de 2 cm y saltearlos a fuego fuerte.

2. Pelar las cebollas, picarlas finamente, añadirlas a la carne y rehogarlas hasta que estén doradas.

3. Sazonar con curry, cilantro, sal y pimienta y mojar con el caldo. Cortar los orejones a la mitad y añadirlos al ragú. Cocer tapado 25 minutos a fuego suave.

4. Mientras lavar las cebolletas y cortarlas en aros finos; añadirlas al ragú y cocer 5 minutos más. Servir con pan de barra y un vino tinto suave.

Ragú a la crema con champiñones

Los champiñones pueden sustituirse por pleurotos o setas silvestres.

Ingredientes para 4 personas:
600 g de pescuezo de cerdo
1 cebolla grande
200 g de zanahorias
250 g de champiñones pequeños
3 cucharadas de mantequilla clarificada
1/4 l de vino blanco seco
250 g de nata
Sal
Pimienta negra recién molida
1 pizca de pimienta de Cayena
1 cucharada de perejil picado

Económica

Por persona:
2700 kj/640 kcal · 32 g de proteínas · 50 g de grasa · 8 g de hidratos de carbono

- Tiempo de preparación: 1 hora

1. Lavar la carne, secarla y cortarla en trozos regulares.

2. Pelar la cebolla y picarla; pelar las zanahorias y cortarlas en rodajitas finas. Limpiar y lavar los champiñones.

3. Calentar la mantequilla en una cazuela y dorar en ella la carne; añadir la cebolla, las zanahorias y los champiñones y dejar estofar el conjunto durante 8 minutos.

4. Mojar con el vino blanco y agregar la nata. Llevar a ebullición y luego reducir el calor, sazonar con sal, pimienta y pimienta de Cayena y cocer tapado 30 minutos a fuego medio. Espolvorear con perejil y servir.

En primer término:
Ragú a la crema con champiñones
En segundo término:
Ragú de cordero con orejones

Ragú de ternera con hinojo

Ingredientes para 4 personas:

1 cebolla grande

750 g de carne de ternera, por ejemplo, pecho

3 cucharadas de aceite ·

Sal

Pimienta negra recién molida

Nuez moscada recién rallada

4 cl de aguardiente de anís

3/8 l de caldo de carne o fondo de ternera

600 g de hinojo

200 g de nata

1 cucharadita de fécula de maíz

Refinada

Por persona:
2 300 kj/550 kcal · 40 g de proteínas · 36 g de grasa · 8 g de hidratos de carbono

● Tiempo de preparación:
1 hora

1. Pelar la cebolla y picarla finamente. Cortar la carne en daditos de 2 cm y saltearlos en el aceite. Sazonar con sal, pimienta y nuez moscada y añadir el anís y la cebolla picada. Mojar el caldo o el fondo y estofar tapado unos 30 minutos a fuego medio.

2. Lavar el bulbo de hinojo y reservar el verde. Cortar el bulbo la mitad a lo largo y luego en tiras de 1 cm de ancho aproximadamente.

3. Desleír la fécula en 3 cucharadas de nata y añadir el resto de nata al ragú. Añadir la fécula y dejar que la carne dé un hervor. Incorporar el hinojo y dejar estofar 15 minutos más. Picar el verde del hinojo, rectificar de sal, pimienta y nuez moscada y espolvorear el ragú con el verde del hinojo picado.

Gulasch con ajo

Ingredientes para 4 personas:

2 cebollas, 6 dientes de ajo

750 g de paletilla de cerdo

3 cucharadas de aceite de oliva

2 cucharaditas de pimentón dulce

2 cucharadas de tomate concentrado

Sal, pimienta negra molida

1/2 l de caldo de carne

400 g de calabacines, preferentemente pequeños

3 cucharadas de crema fresca

Económica

Por persona:
2700 kj/640 kcal · 35 g de proteínas · 53 g de grasa · 7 g de hidratos de carbono

● Tiempo de preparación:
1 hora

1. Pelar las cebollas y picarlas muy finas. Cortar la carne en trozos en unos 2 cm. Calentar el aceite y rehogar la carne a fuego fuerte, sacarla y reservarla.

2. Glasear la cebolla a fuego suave en la misma grasa, añadir el pimentón y remover; pelar los ajos, cortarlos a lo largo a la mitad y añadirlos a la cebolla.

3. Agregar el tomate concentrado, remover todo bien y finalmente incorporar de nuevo la carne. Sazonar con sal y pimienta, mojar con el caldo y estofar tapado 30 minutos a fuego medio.

4. Lavar los calabacines y cortarlos en rodajas finas. Añadirlos a la carne junto con la crema y rectificar el punto de sazón si es necesario. Estofar 10 minutos más a fuego medio. Como guarnición ñoquis de pan o sémola o puré de patata y ensalada de tomate.

En primer término:
Gulasch con ajo
En segundo término:
Ragú de ternera con hinojo

Gulasch relámpago

Sustituyendo la carne de cerdo por pechuga de pavo, este plato puede prepararse 15 minutos antes.

Ingredientes para 4 personas:
750 g de pescuezo de cerdo
600 g de cebollas
2 cucharadas de aceite
2 cucharadas de pimentón picante
Sal
Pimienta negra recién molida
1 cucharadita de comino molido
100 g de nata agria

Rápida
Económica

Por persona:
2200 kj/520 kcal · 37 g de proteínas · 36 g de grasa · 10 g de hidratos de carbono

• Tiempo de preparación: 50 minutos

1. Lavar la carne, secarla y trocearla en dados de 2 cm.

2. Pelar las cebollas y picarlas finas con una picadora rápida.

3. Calentar el aceite en una cazuela ancha y glasear la cebolla, añadir el pimentón y los trozos de carne y rehogarlo; sazonar con sal, pimienta y comino. Estofar tapado 30 minutos a fuego medio.

4. Un momento antes de servirlo añadir la nata agria y no cocer más para evitar que la nata forme grumos. Como guarnición ñoquis de pan, pasta o patatas.

Ragú de Sajonia con ciruelas

Ingredientes para 4 personas:
750 g de chuletas de Sajonia sin hueso
1 cebolla, 3 cebolletas
1 cucharada de aceite
200 g de ciruelas pasas deshuesadas
Zumo de 1/2 limón
Sal
Pimienta negra recién molida
Nuez moscada recién rallada
1/4 l de caldo de carne

Fácil

Por persona:
2500 kj/600 kcal · 42 g de proteínas · 35 g de grasa · 31 g de hidratos de carbono

• Tiempo de preparación: 40 minutos

1. Lavar la carne, secarla y cortarla en trozos de 2 cm.

2. Pelar la cebolla y picarla fina. Calentar el aceite y glasear la cebolla a fuego lento.

3. Cortar las ciruelas pasas a la mitad y añadirlas con la carne a la cebolla. Sazonar con zumo de limón, sal, pimienta y nuez moscada, mojar con el caldo y dejar estofar tapado 15 minutos a fuego medio.

4. Mientras lavar las cebolletas, cortarlas en aros finos y añadirlas al ragú al momento de servirlo.

Consejo

Las ciruelas pasas pueden sustituirse por albaricoques frescos o secos (orejones).

En el plato:
Ragú de Sajonia con ciruelas
En el cazo:
Gulasch relámpago

Hamburguesas de cordero con setas

Ingredientes para 4 personas:

1 cebolla, 1 diente de ajo

1 cucharada de aceite de oliva

125 g de setas (pleurotos)

1 ramillete de perejil

500 g de carne de cordero

4 cucharadas de pan rallado

Sal, 1 huevo

Pimienta negra recién molida

1 cucharadita de cáscara rallada de limón

5 cucharadas de aceite

Rápida

Por persona:
2100 kj/500 kcal · 27 g de proteínas · 39 g de grasa · 1 g de hidratos de carbono

- Tiempo de preparación: 30 minutos

1. Pelar la cebolla y el ajo, picar la cebolla y prensar el ajo. Calentar el aceite en una sartén y glasear ambas cosas.

2. Limpiar los pleurotos, secarlos y cortarles los rabillos; picarlos finamente y añadirlos a la cebolla dejando que se rehoguen unos 5 minutos hasta que se evapore el líquido.

3. Lavar y secar el perejil y picar las hojitas finamente.

Añadirlo a las setas, retirar la sartén del fuego y dejar enfriar.

4. Poner la carne picada en un bol, añadir el huevo, el pan rallado o la miga de pan y la masa de setas. Mezclar todo bien y sazonar con sal, pimienta y la cáscara rallada de limón.

5. Formar ocho hamburguesas con la masa, calentar el aceite en una sartén y freírlas 5 minutos por cada lado.

Hamburguesas de queso a la albahaca

Ingredientes para 4 personas:

1 panecillo del día anterior

1 cebolla, 1 huevo

3 cucharadas de mantequilla

500 g de carne magra picada

1 ramillete de albahaca

50 g de queso Gorgonzola

Sal, pimentón dulce

Pimienta negra recién molida

1 pizca de pimienta de Cayena

1 cucharada de aceite

Fácil

Por persona:
1900 kj/450 kcal · 34 g de proteínas · 32 g de grasa · 6 g de hidratos de carbono

- Tiempo de preparación: 30 minutos

1. Remojar el panecillo en agua fría, pelar la cebolla y picarla. Calentar en una sartén 1 cucharada de mantequilla y rehogar la cebolla a fuego suave hasta que esté tierna. Dejar que enfríe.

2. Poner la carne picada en un recipiente hondo, escurrir bien el pan y añadirlo, añadir también el huevo batido y la cebolla y mezclar todo bien.

3. Lavar y secar la albahaca, picar las hojitas y añadirlas a la carne junto con el Gorgonzola. Mezclar bien la masa y sazonarla con sal, pimienta, pimentón y pimienta de Cayena.

4. Calentar en una sartén el aceite y el resto de mantequilla. Con las manos humedecidas formar 8 hamburguesas y freírlas 4 minutos en la grasa caliente, darles la vuelta y acabar de freírlas 3 minutos por el otro lado. Como guarnición ensalada de judías verdes tempranas, aliñadas con vinagreta al aroma de ajo.

En primer término:
Hamburguesas de queso
a la albahaca
En segundo término:
Hamburguesas de cordero con setas

Albóndigas con salsa Tzatziki

Ingredientes para 4 personas:

Para las albóndigas:

1 panecillo del día anterior

600 g de carne picada (ternera y cerdo a partes iguales)

1 cebolla grande, 1 huevo

Pimienta negra molida, sal

1 cucharada de pimentón dulce

1 pizca de pimienta de Cayena

6 cucharadas de aceite

Para la salsa:

250 g de queso fresco Quark

300 g de yogur cremoso

1 pepino pequeño

6 dientes de ajo

Económica

Por persona:
3 300 kj/790 kcal · 43 g de proteínas · 62 g de grasa · 14 g de hidratos de carbono

● Tiempo de preparación: 45 minutos

1. Remojar el panecillo en agua fría, poner la carne en un recipiente hondo y añadir el huevo. Pelar la cebolla y picarla fina, escurrir el pan y añadirlo con la cebolla a la carne; mezclar bien. Sazonar la masa con sal, pimienta, pimentón y pimienta de Cayena y amasarla bien. Con las manos humedecidas formar albondiguillas del tamaño de una nuez.

2. Calentar el aceite en una sartén y freírlas bien 15 minutos.

3. Mezclar el Quark con el yogur. Lavar el pepino, pelarlo y rallarlo fino. Escurrirlo y añadirlo al Quark. Pelar los ajos y prensarlos en la salsa. Remover bien, salpimentar y servir en salsera con las albóndigas.

Hamburguesas de ternera

Ingredientes para 4 personas:

1 puerro, 2 cebollas

2 cucharadas de mantequilla

500 g de paletilla de ternera picada

2 patatas cocidas con piel

1 ramillete de perejil, 1 huevo

Pimienta negra molida, sal

Nuez moscada recién rallada

4 cucharadas de mantequilla

4 cl de coñac

1 o 2 cucharadas de mostaza de Dijon

150 g de crema fresca

Deliciosa

Por persona:
1 900 kj/450 kcal · 31 g de proteínas · 30 g de grasa · 11 g de hidratos de carbono

● Tiempo de preparación: 50 minutos

1. Limpiar el puerro, hacerle un corte, lavarlo y cortarlo en aros finos. Pelar y picar las cebollas. Calentar la mantequilla en una sartén y rehogar el puerro y la mitad de la cebolla 5 minutos, dejar enfriar.

2. Poner la carne en un recipiente y añadir la mezcla de puerro y cebolla. Pelar las patatas y añadirlas a la carne pasándolas por un pasapurés.

3. Lavar y picar el perejil, reservar 1 cucharada y añadir el resto a la carne con el huevo.

4. Amasar los ingredientes y salpimentar y hechar nuez moscada. Con las manos humedecidas formar ocho hamburguesas. Calentar en una sartén 3 cucharadas de mantequilla y freír las hamburguesas 15 minutos dándoles la vuelta. Sacarlas y mantenerlas calientes.

5. Calentar el resto de grasa en otra sartén y glasear la cebolla reservada. Mojar con el coñac y añadir la mostaza y la crema fresca. Dejar hervir un poco y rectificar la sazón. Espolvorear con el resto de perejil picado y servir en salsera aparte.

En primer término:
Hamburguesas de ternera
En segundo término:
Albóndigas con salsa Tzatziki

Albóndigas de cerdo con crema de lentejas

Las lentejas rojas o amarillas pueden adquirirse en establecimientos dietéticos o supermercados. Lo más práctico de estas legumbres es que son de cocción rápida.

Ingredientes para 4 personas:

1 cebolla mediana

4 cucharadas de aceite

1 ramillete de perejil

500 g de carne de salchichas frescas de cerdo

1 huevo

1 cucharadita de mejorana seca

1 puerro

125 g de lentejas amarillas peladas

3/8 l de caldo de verdura

125 g de nata

1 cucharadita de vinagre de vino blanco

Deliciosa

Por persona:
3100 kj/740 kcal · 34 g de proteínas · 57 g de grasa · 22 g de hidratos de carbono

- Tiempo de preparación: 45 minutos

1. Pelar la cebolla y picarla muy fina. Calentar en una sartén y cucharada de aceite y glasear la cebolla. Lavar y secar el perejil y picar las hojas. Poner la carne en un bol de metal y añadir el perejil, la cebolla rehogada, el huevo y el pan rallado.

2. Mezclar todo bien a mano y sazonar con sal, pimienta y mejorana. Con las manos húmedas formar unas albóndigas del tamaño de una nuez. Limpiar y lavar bien el puerro y cortarlo en aros finos.

3. Calentar en una cazuela 1 cucharada de aceite y rehogar el puerro, añadir las lentejas, el caldo y la nata, llevar a ebullición y cocer 10 minutos. Calentar el resto de aceite en otra sartén y freír las albóndigas 8 o 10 minutos hasta dorarlas.

4. Sazonar las lentejas con sal, pimienta y vinagre y hacer con ellas un puré. Repartirlo en 4 platos y servir al lado las albóndigas.

Tortilla de carne picada

Una variante de la tortilla de patata a la española.

Ingredientes para 4 personas:

2 panecillos del día anterior
3 cebolletas
500 g de carne picada (ternera y cerdo a partes iguales)
2 huevos
6 cucharadas de semillas de sésamo tostadas
1 cucharada de crema fresca
2 dientes de ajo
Sal
Pimienta negra recién molida
Pimentón dulce
1 cucharada de aceite

Especialidad española

Por persona
1900 kj/450 kcal · 31 g de proteínas · 33 g de grasa · 12 g de hidratos de carbono

- Tiempo de preparación: 35 minutos

1. Remojar los panecillos en agua fría, limpiar las cebollas, lavarlas y cortarlas en aros finos.

2. Poner la carne y los huevos en un recipiente de metal, añadir el pan escurrido, las cebolletas, la mitad del sésamo y la crema fresca. Prensar los ajos, añadirlos y amasar todo bien. Sazonarla con sal, pimienta y pimentón.

3. Calentar el aceite en una sartén de 25 cm de diámetro y añadir la carne picada, alisar la superficie y freírla 10 minutos a fuego medio. Darle la vuelta como a una tortilla y freírla por el otro lado unos 8 minutos.

4. Servirla en una fuente redonda, espolvorearla con el resto de sésamo y cortarla en porciones. Se sirve con una ensalada.

43

Croquetas de carne con crema de pimientos

Ingredientes para 4 personas:
1 panecillo del día anterior
500 g de pimientos verdes
1 cucharada de aceite
2 ramilletes de perejil
1 vaina pequeña de chile
500 g de carne picada (ternera y cerdo a partes iguales)
Sal, 2 huevos
Pimienta negra recién molida
Pimienta de Cayena
2 cucharadas de mantequilla clarificada
2 cucharadas de crema fresca

Fácil

Por persona:
2300 kj/550 kcal · 32 g de proteínas · 38 g de grasa · 20 g de hidratos de carbono

- Tiempo de preparación:
  45 minutos

1. Remojar los panecillos en agua fría. Lavar los pimientos, cortarlos a la mitad, sacar las semillas y pieles interiores y trocearlos. Calentar el aceite en una cazuela y rehogarlos 15 minutos a fuego suave.

2. Lavar y picar el perejil y hacer lo mismo con el chile sacando las semillas al lavarlo.

3. Escurrir el panecillo y ponerlo en un recipiente con la carne picada. Añadir los huevos, el perejil y la picada de chile. Mezclar todo bien y sazonar abundantemente con sal, pimienta y pimienta de Cayena.

4. Hacer en la batidora un puré con los pimientos troceados, ponerlos en la cazuela y añadir la crema fresca; calentar la salsa y sazonar con sal, pimienta y pimienta de Cayena.

Albóndigas con salsa de rucola

Ingredientes para 4 personas:
1 panecillo del día anterior
1 cebolla grande
4 dientes de ajo
1/2 ramillete de perejil
500 g de carne picada (ternera y cerdo a partes iguales)
Sal, 1 huevo
Pimienta negra recién molida
Harina
3 cucharadas de aceite
1 manojo de rucola
250 g de queso fresco cremoso Quark
4 cucharadas de zumo de limón.

Económica

Por persona:
2300 kj/550 kcal · 35 g de proteínas · 42 g de grasa · 10 g de hidratos de carbono

- Tiempo de preparación:
  45 minutos

1. Remojar el panecillo en agua fría. Pelar la cebolla y los ajos y picar todo finamente. Lavar y secar el perejil y picarlo también muy fino.

2. Escurrir bien el panecillo y ponerlo con la carne en una fuente honda. Añadir la picada de cebolla y ajo, el perejil y el huevo y mezclar todo bien. Sazonar abundantemente con sal y pimienta.

3. Formar las albóndigas y enharinarlas. Calentar el aceite en una sartén y freírlas hasta que estén doradas.

4. Lavar las hojas de rucola y picarlas muy finas. Ponerlas en la batidora con 3 cucharadas de agua y el queso fresco y hacer con todo un puré. Sazonar con sal, pimienta y zumo de limón. Servir con las albóndigas.

Foto superior:
Croquetas de carne con crema de pimientos
Foto inferior:
Albóndigas con salsa de rucola

Fricasé de ternera

Ingredientes para 4 personas:

750 g de lomo de ternera

3 cucharadas de aceite

3 chalotas

1/8 l de vino blanco seco

Sal

Pimienta negra recién molida

250 g de nata

Especialidad suiza

Por persona:
2100 kj/500 kcal · 40 g de proteínas · 34 g de grasa · 4 g de hidratos de carbono

• Tiempo de preparación: 40 minutos

1. Cortar la carne en lonchas de 1/2 cm y éstas a su vez en tiras gruesas.

2. Calentar en una sartén grande y honda 1 cucharada de mantequilla y 1 cucharada de aceite. Freír la mitad de la carne a fuego medio, sacarla y mantener caliente. Calentar de nuevo la misma cantidad de grasa y freír el resto de carne.

3. Pelar las chalotas y picarlas. Quitar la grasa de fritura de la sartén, calentar el resto de mantequilla y glasear las chalotas hasta que estén tiernas. Mojar con el vino blanco y reducir a la mitad.

4. Añadir la nata y cocer otros 5 minutos. Salpimentar las tiras de carne, introducirlas en la salsa y calentarlas a fuego lento.

Filete Stroganoff

Ingredientes para 4 personas:

600 g de lomo de novillo

250 g de champiñones

2 cucharadas de zumo de limón

1 cebolla grande

100 g de pepinillos pequeños

2 cucharadas de mantequilla

1 cucharada de aceite

Sal, pimienta negra molida

1/4 l de vino tinto seco

250 g de nata dulce

2 cucharadas de nata agria

Pimienta de Cayena

Salsa Worcester

Especialidad rusa

Por persona:
2500 kj/600 kcal · 35 g de proteínas · 45 g de grasa · 5 g de hidratos de carbono

• Tiempo de preparación: 55 minutos

1. Cortar la carne en lonchas de 1/2 cm de grueso, colocar una encima de otra y cortarlas a su vez en tiras finas.

2. Limpiar los champiñones, lavarlos si es necesario y cortarlos en laminillas. Rociarlos rápidamente con zumo de limón para evitar que se oscurezcan. Pelar la cebolla y picarla y cortar los pepinillos en daditos.

3. Calentar en una sartén grande 1 cucharada de mantequilla y 1 cucharada de aceite. Freír la carne en tandas, salpimentarla al gusto y reservarla tapada.

4. Calentar en una sartén el resto de mantequilla y aceite y glasear la cebolla, añadir los champiñones y rehogarlos hasta que se haya evaporado casi todo el líquido. Sacar de la sartén y reservar.

5. Mojar el fondo de fritura con el vino tinto y dejar hervir a fuego medio hasta que se haya reducido unos dos tercios. Agregar la nata dulce y dejar hervir suavemente 8 minutos hasta que espese la salsa.

6. Incorporar a la salsa las tiras de carne, los champiñones con la cebolla y los pepinillos y calentar todo sin que vuelva a cocer. Finalmente añadir la nata agria y sazonar la salsa con sal, pimienta, pimienta de Cayena y salsa Worcester.

En primer término:
Filete Stroganoff
En segundo término:
Fricasé de ternera

Solomillo salteado en el Wok

Ingredientes para 4 personas:

4 bistecs de solomillo de novillo

1 cucharada de fécula de maíz

250 g de fideos chinos

1 pimiento rojo y 1 verde

250 g de brotes de soja

3 dientes de ajo

1 trozo de raíz de jengibre

3 cucharadas de aceite de soja

2 cucharadas de salsa de soja

3 cucharadas de jerez

Pimienta negra recién molida

Pimienta de Cayena, sal

Especialidad china

Por persona:
1400 kj/330 kcal · 42 g de proteínas · 17 g de grasa · 8 g de hidratos de carbono

- Tiempo de preparación: 45 minutos

1. Cortar los bistecs en tiras, espolvorearlas con la fécula y presionarla bien en la carne. Dejar tapado 15 minutos.

2. Hervir 1 l de agua, regar los bien los fideos y dejarlos en remojo 10 minutos para que se ablanden.

3. Lavar los pimientos, cortarlos a la mitad, sacar las semillas y cortarlos en tiras finas. Lavar los brotes de soja, pelar los ajos y el jengibre y picarlos finos.

4. Calentar 2 cucharadas de aceite en un Wok y saltear la carne. Sacarla del Wok y reservarla.

5. Calentar el resto de aceite en el Wok y sofreír las tiras de pimiento y los brotes de soja, y la mitad del ajo. Remover durante 1 minuto. Dejar con la salsa de soja y el jerez y añadir la carne. Sazonar con sal, pimienta y pimienta de Cayena y sacar del Wok.

6. Sofreír en el Wok el resto del ajo y el jengibre. Escurrir los fideos, cortarlos en trozos y añadirlos al Wok. Saltearlos y salarlos. Servirlos separados de la carne.

Lomo salteado con pimientos

Ingredientes para 4 personas:

4 bistecs de solomillo de novillo de 180 g cada uno

Pimienta negra recién molida

1 pimiento mediano rojo, 1 verde y 1 amarillo

1 cebolla grande

1 cucharada de pimentón dulce

1/2 cucharadita de comino

2 cucharadas de tomate

1/4 l de vino tinto seco

Fácil

Por persona:
1700 kj/400 kcal · 32 g de proteínas · 23 g de grasa · 5 g de hidratos de carbono

- Tiempo de preparación: 40 minutos

1. Cortar la carne en lonchas del grueso de un dedo y éstas a su vez en tiras gruesas. Sazonarlas con pimienta y reservarlas tapadas.

2. Lavar los pimientos, cortarlos en tiras finas. Pelar la cebolla y los ajos y picarlos finos.

3. Calentar 2 cucharadas de aceite en una sartén grande y freír la carne en tandas. Sacar de la sartén, espolvorearla con el pimentón y el comino y reservar.

4. Calentar el resto de aceite y freír los pimientos 5 minutos, sacarlos de la sartén y mantenerlos calientes. Rehogar en la misma grasa la cebolla y el ajo, añadir el tomate concentrado y el vino tinto y dejar reducir un poco la salsa.

5. Introducir de nuevo en la salsa la carne y los pimientos y calentar todo a fuego suave.

En primer término:
Lomo salteado con pimientos
En segundo término:
Solomillo salteado en el Wok

Bistecs con setas

Los pleurotos tienen un intenso aroma que armoniza excelentemente con la carne de novillo. En otoño pueden sustituirse por setas silvestres.

Ingredientes para 4 personas:

2 cucharadas de aceite

4 bistecs de solomillo de novillo de 180 g cada uno

Sal

Pimienta negra recién molida

400 g de pleurotos

1 puerro pequeño

3 dientes de ajo

2 cucharadas de aceite de oliva

La cáscara rallada de 1/2 limón

Pimienta negra recién molida

Refinada

Por persona:
1400 kj/330 kcal · 37 g de proteínas · 18 g de grasa · 2 g de hidratos de carbono

• Tiempo de preparación: 35 minutos

1. Calentar el aceite en una sartén y freír los bistecs a fuego fuerte 1 o 2 minutos por cada lado. Sacarlos de la sartén, salpimentarlos y mantenerlos tapados. Retirar la grasa de fritura de la sartén.

2. Limpiar las setas y trocear las que sean muy grandes. Limpiar y lavar bien el puerro y cortarlo en aros finos. Pelar los ajos y cortarlos en lonchitas finísimas.

3. Calentar el aceite de oliva en la sartén y sofreír el puerro y el ajo, añadir las setas y freírlas por ambos lados a fuego fuerte hasta dorarlas. Sazonar con la cáscara de limón, sal y pimienta.

4. Cortar los bistecs en lonchas finas y servir en forma escalonada en platos precalentados. Servir las setas aparte. Acompañar de una ensalada mixta o ensalada de tomate con orégano y ajo.

Solomillo de cerdo al estilo chino

Este plato puede prepararse también en un Wok. Los exóticos ingredientes se consiguen en tiendas especializadas o en supermercados bien surtidos.

Ingredientes para 4 personas:

200 g de setas Shiitake

200 g de zanahorias

4 cebolletas

1 trozo de raíz de jengibre, de 1 cm aproximadamente

1 chile

500 g de solomillo de cerdo

2 cucharadas de fécula de maíz

2 cucharadas de aceite de soja

1 diente de ajo

3 cucharadas de jerez seco

3 cucharadas de salsa de soja

2 cucharadas de sésamo negro (en tiendas asiáticas)

Sal

Pimienta negra recién molida

Refinada

Por persona:
1300 kj/310 kcal · 22 g de proteínas · 20 g de grasa · 10 g de hidratos de carbono

• Tiempo de preparación: 45 minutos

1. Limpiar las setas con un pincel. Lavar las zanahorias, pelarlas y cortarlas en rodajitas. Lavar las cebolletas y cortarlas en aros finos. Pelar el jengibre y picarlo. Cortar el chile a la mitad, sacar las semillas, lavarlo y trocearlo menudamente.

2. Cortar la carne en tiras, espolvorearlas con la fécula y presionarla bien, de esta forma la carne resulta más jugosa. Calen-tar el aceite de soja en una sartén o en un Wok y freír la carne bien, sacarla y reservarla.

3. Pelar el ajo y prensarlo directamente en la sartén, añadir las setas, las zanahorias, las cebolletas y, también, el jengibre y el chile. Freír todo 8 minutos a fuego medio.

4. Incorporar de nuevo la carne a la sartén y mojar con el jerez y la salsa de soja; espolvorear con el sésamo y salpimentar al gusto. Se sirve con arroz blanco, y para beber té verde.

Fricasé de ternera al curry con pasas

Ingredientes para 4 personas:
750 g de lomo de ternera
2 cucharadas de aceite
2 cucharadas de mantequilla
Sal
Pimienta blanca recién molida
3 chalotas
50 g de almendras molidas
1/8 de l de vino blanco seco
125 g de nata
50 g de pasas
1/2 cucharadita de curry
Zumo de limón, perifollo fresco

Refinada

Por persona:
2100 kj/500 kcal · 42 g de proteínas · 29 g de grasa · 13 g de hidratos de carbono

- Tiempo de preparación:
  45 minutos

1. Lavar y secar la carne, cortarla en lonchas gruesas y éstas a su vez en tiras.

2. Calentar en una sartén el aceite y la mantequilla y freír la carne a fuego fuerte; sacarla de la sartén, salpimentarla y reservarla tapada.

3. Pelar las chalotas y picarlas finas. Glasearlas a fuego suave

en el aceite de freír la carne, añadir las almendras y rehogarlas ligeramente. Regar con el vino blanco y dejar cocer a fuego medio hasta que quede reducida a la mitad.

4. Agregar la nata y esparcir por encima las pasas. Sazonar abundantemente con sal, pimienta, curry y zumo de limón. Dejar cocer tapada a fuego suave unos 15 minutos hasta que esté cremosa y se haya reducido.

5. Lavar el perifollo y arrancar las hojitas. Incorporar la carne con su jugo a la salsa y calentarla. Espolvorear con el perifollo un momento antes de llevar a la mesa.

Fricasé de cordero

Ingredientes para 4 personas:
750 g de pierna de cordero lechal
1 cucharada de fécula
Pimienta negra recién molida
1 manojo de cebolletas
2 zanahorias, 1 cebolla
3 dientes de ajo
2 cucharadas de mantequilla
1 cucharada de aceite
1/8 de l de vino blanco seco
1/4 de l de caldo de carne
Sal

Especialidad inglesa

Por persona:
2400 kj/570 kcal · 36 g de proteínas · 41 g de grasa · 10 g de hidratos de carbono

- Tiempo de preparación:
  45 minutos

1. Cortar la carne en tiras de unos 5 cm de largo, mezclarla en un bol con la fécula y sazonar con pimienta.

2. Limpiar y lavar las cebolletas y zanahorias. Pelar los ajos y la cebolla y picarlos.

3. Calentar en una sartén la mantequilla y el aceite, freír la carne en tandas, sacar de la sartén y reservarla. Rehogar la cebolla y el ajo en la misma grasa, mojar con el vino y dejar que dé un hervor.

4. Introducir la carne de nuevo en la sartén y añadir las cebolletas y la zanahoria rallada, agregar el caldo y dejar cocer suavemente 5 minutos. Salpimentar al gusto.

En primer término:
Fricasé de cordero
En segundo término:
Fricasé de ternera al curry con pasas

Bolsitas de ternera y ciruela

Las ciruelas pueden sustituirse por albaricoques, higos o dátiles.

Ingredientes para 4 personas:
1 cebolla mediana
200 g de ciruelas pasas deshuesadas
2 cucharadas de mantequilla
2 cucharaditas de curry
Sal, pimienta negra molida
1 ramillete de perejil
4 filetes de ternera de 180 g cada uno (pedir al carnicero que haga un corte central para el relleno)
2 cucharaditas de mostaza de Dijon
3 cucharadas de mantequilla

Deliciosa

Por persona:
1700 kj/400 kcal · 38 g de proteínas · 15 g de grasa · 29 g de hidratos de carbono

• Tiempo de preparación: 45 minutos

1. Pelar y picar la cebolla; picar las ciruelas en forma gruesa. Derretir la mantequilla en una sartén y glasear la cebolla, añadir las ciruelas y sazonar todo con curry, sal y pimienta. Dejar que se haga 8 minutos a fuego suave.

2. Lavar y secar el perejil y picar las hojitas. Añadirlo a la sartén y mezclar con las ciruelas y la cebolla.

3. Lavar y secar la carne. Salpimentar y cubrir con la mostaza. Rellenar los filetes con la mezcla de ciruela y cerrar la abertura con un palillo.

4. Calentar en una sartén la mantequilla clarificada y freír los filetes a fuego fuerte por ambos lados. Tapar la sartén y dejar que sigan haciéndose a fuego muy suave 8 o 10 minutos.

Bistecs rellenos al cilantro

Ingredientes para 4 personas:
1 ramillete de cilantro fresco o sustituirlo por perejil
100 g de queso fresco de oveja
1 cucharadita de cilantro en grano
Sal
Pimienta negra recién molida
4 bistecs de solomillo de novillo de 180 g cada uno (pedir al carnicero que haga un corte central para el relleno)
2 cucharadas de aceite

Refinada

Por persona:
1400 kj/330 kcal · 42 g de proteínas · 19 g de grasa · 1 g de hidratos de carbono

• Tiempo de preparación: 30 minutos

1. Lavar y secar el cilantro y picar finamente las hojitas. Aplastar el queso con un tenedor y mezclarlo con las hojas y los granos de cilantro. Sazonar con sal y pimienta.

2. Rellenar los bistecs con la mezcla y cerrar la abertura con un palillo.

3. Calentar el aceite en una sartén y freírlos a fuego medio 3 minutos por cada lado. Sacarlos de la sartén y salpimentarlos. Se sirven con rösti y ensalada mixta.

Consejo

El queso de oveja puede sustituirse por Roquefort. En ese caso condimente el relleno con perejil, ya que en esta combinación dominará el cilantro.

En primer término:
Bistecs rellenos al cilantro
En segundo término:
Bolsitas de ternera y ciruela

Filetes con empanado de coco

Ingredientes para 4 personas:

4 filetes de ternera de 180 g cada uno (pedir al carnicero que haga un corte central para el relleno)

4 cucharadas de Mango - Chutney

1 o 2 cucharadas de almendras molidas

1/2 ramillete de melisa

Sal

Pimienta negra recién molida

Curry

2 cucharadas de harina

1 huevo

6 cucharadas de coco rallado

3 cucharadas de mantequilla clarificada

1 lima o 1 limón

Rápida
Refinada

Por persona:
1700 kj/400 kcal · 40 g de proteínas · 16 g de grasa · 22 g de hidratos de carbono

- Tiempo de preparación: 30 minutos

1. Lavar y secar la carne. Mezclar el Mango-Chutney con las almendras. Lavar la melisa, secarla, picar las hojitas y añadirlas a la mezcla.

2. Rellenar los filetes con la farsa y cerrar la abertura con un palillo. Sazonarlos con sal y pimienta y espolvorearlos ligeramente con curry. Disponer en tres platos la harina, el huevo y el coco rallado. Batir el huevo.

3. Pasar los filetes por harina, huevo y coco rallado. Calentar la mantequilla clarificada en una sartén antiadherente y freírlos a fuego medio 4 minutos por cada lado hasta que estén dorados.

4. Lavar la lima con agua caliente y secarla. Cortarla en gajos y adornar con ellos la carne. Como guarnición arroz blanco salteado en mantequilla con cacahuetes picados.

Chuletas de cerdo con salsa de tomate

Las chuletas de cerdo resultan más sabrosas si se utilizan hierbas frescas y tomates frescos de huerta.

Ingredientes para 4 personas:
1/2 panecillo del día anterior
1 cebolla pequeña
4 cucharadas de aceite de oliva
1 diente de ajo
1 ramillete de perejil
1 yema de huevo
4 cucharadas de alcaparras
Sal
Pimienta negra recién molida
4 cucharaditas de hojitas frescas de tomillo
4 chuletas de cerdo de 180 g cada una (pedir al carnicero que haga un corte central para el relleno)
250 g de tomates
3 cucharadas de crema fresca
1 cucharada de zumo de limón

Refinada

Por persona:
990 kj/240 kcal · 10 g de proteínas · 19 g de grasa · 6 g de hidratos de carbono

• Tiempo de preparación: 50 minutos

1. Remojar el pan en agua fría. Pelar y picar la cebolla a fuego lento y añadir el ajo prensado. Lavar y secar el perejil y picar finamente las hojas.

2. Escurrir bien el pan, mezclarlo con el perejil y la yema de huevo y añadir la mezcla a la cebolla y el ajo. Incorporar las alcaparras y sazonar todo con sal, pimienta y 2 cucharaditas de tomillo. Rellenar las chuletas con la mezcla y coser la abertura con hilo de cocina.

3. Calentar el resto de aceite y freír las chuletas a fuego medio 5 minutos por cada lado. Salpimentarlas y mantenerlas calientes. Escaldar los tomates con agua hirviendo, pelarlos, sacar las semilla y picarlos en forma gruesa.

4. Mezclar los tomates con la crema fresca, dar un hervor y cocer suavemente unos 5 minutos. Sazonar con sal, pimienta, tomillo y zumo de limón. Servir con las chuletas y poner como guarnición judías verdes salteadas en mantequilla y patatas al vapor.

Filetes de cerdo con relleno de lentejas

Ingredientes para 4 personas:
100 g de lentejas rojas
3/8 l de caldo de carne
1 cucharada de mantequilla
2 dientes de ajo, sal
1 ramillete de perejil
1 yema de huevo, 200 g de nata
Pimienta negra recién molida
1 pizca de pimienta de Cayena
1/2 cucharadita de comino
4 filetes de cerdo de 160 g
2 cucharadas de mantequilla
1 cucharada de curry

Deliciosa

Por persona:
2700 kj/640 kcal · 42 g de proteínas · 47 g de grasa · 16 g de hidratos de carbono

● Tiempo de preparación: 40 minutos

1. Cocer las lentejas en el caldo 8 minutos y escurrirlas. Derretir la mantequilla, añadir el ajo machacado y dorarlo. Lavar el perejil y picar las hojitas.

2. Mezclar las lentejas con el ajo, el perejil y la yema. Sazonar con sal, pimienta de Cayena y comino.

3. Lavar y secar los filetes y salpimentarlos. Extender en

cada filete parte de las lentejas, doblar la otra mitad y sujetarlo.

4. Calentar la mantequilla y rehogar los filetes a fuego fuerte, redudir el calor y freírlos 10 minutos más. Sacarlos de la sartén y mantenerlos calientes.

5. Mojar el fondo con la nata y añadir el curry. Dejar hervir y salpimentar. Introducir la carne y calentarla de nuevo.

Rollitos de carne con espárragos

Ingredientes para 4 personas:
500 g de espárragos trigueros
4 filetes de novillo de 150 g
Pimienta negra recién molida
4 lonchas de jamón cocido
50 g de queso Parmesano
2 cucharadas de mantequilla
1/4 l de vino blanco seco
3/8 l de caldo de carne, sal
250 g de nata, 1 cebolla
Nuez moscada recién rallada
50 g de perifollo fresco

Para invitados

Por persona:
2800 kj/670 kcal · 45 g de proteínas · 47 g de grasa · 8 g de hidratos de carbono

● Tiempo de preparación: 1 1/4 horas

1. Pelar los espárragos en el tercio inferior y cortar los extremos. Cocerlos 5 minutos en agua de sal, pasarlos por agua fría y escurrirlos.

2. Salpimentar los filetes. Ponerlos de dos en dos, colocar encima el jamón cocido, sin tocino, y finalmente repartir los espárragos y espolvorearlos con Parmesano rallado. Hacer dos rollos y atarlos con hilo de cocina.

3. Calentar la mantequilla y freír los rollos bien todo alrededor, mojarlos con el vino blanco y cocer suavemente hasta reducir el jugo a la mitad.

4. Pelar la cebolla, picarla muy fina y ponerla alrededor de los rollos. Regar con el caldo y la mitad de la nata y cocer tapado 45 minutos a fuego suave.

5. Sacar los rollos y mantener calientes. Montar el resto de nata. Hacer un puré con la salsa y sazonar con sal, pimienta y nuez moscada. Incorporar la nata montada y mezclar bien. Lavar el perifollo, secarlo y esparcir las hojitas en la salsa. Puede acompañarse con unas patatas al vapor.

Foto superior:
Filetes de cerdo rellenos de lentejas
Foto inferior:
Rollitos de carne con espárragos

Rollitos de ternera

Ingredientes para 4 personas:

1 chalota, sal

3 cucharadas de mantequilla

100 g de hígado de ternera

1 cucharada de pistachos

1 cucharadita de mostaza fuerte

1 cucharada de crema fresca

Pimienta blanca recién molida

Nuez moscada recién rallada

50 g de espinacas frescas

4 filetes de ternera de 120 g

Para invitados

Por persona;
990 kj/240 kcal · 3 g de proteínas · 12 g de grasa · 2 g de hidratos de carbono

- Tiempo de preparación:
  45 minutos

1. Pelar la chalota y picarla. Calentar en una sartén 1 cucharada de mantequilla y glasear la chalota.

2. Cortar el hígado en trocitos, añadirlo a la chalota y sofreírlo. Añadir los pistachos, la mostaza y la crema fresca y mezclar. Sazonar con sal, pimienta y nuez moscada.

3. Limpiar las espinacas y lavarlas. Poner a hervir agua con sal y blanquear las espinacas. Sacarlas, pasarlas por agua fría y escurrirlas.

4. Salpimentar los filetes y ponerles encima una capa de espinacas. Extender la masa de hígado y enrollarlos. Sujetar los extremos con palillos.

5. Calentar en una sartén la mantequilla, rehogar los rollitos y dejar que se hagan a fuego medio 10 minutos.

Rollitos de cordero con alubias rojas

Ingredientes para 4 personas:

1 cebolla mediana

5 cucharadas de aceite de oliva

3 dientes de ajo

1 lata de alubias rojas

150 g de cordero lechal picado

Pimienta negra recién molida

1 pizca de comino, sal

1 pizca de chile molido

1 ramillete de menta fresca

8 filetes de cordero lechal (de la pierna) de 100 g cada uno

1 tomate mediano

Refinada

Por persona:
3900 kj/930 kcal · 59 g de proteínas · 56 g de grasa · 44 g de hidratos de carbono

- Tiempo de preparación:
  45 minutos

1. Pelar y picar la cebolla.

Calentar en una sartén 1 cucharada de aceite de oliva, glasear la cebolla y añadir los ajos prensados; escurrir las alubias en un colador.

2. Hacer un puré en la batidora con la carne picada, 2 cucharadas de alubias y la mezcla de ajo y cebolla. Sazonar abundantemente con sal, pimienta, comino y chile.

3. Lavar y secar la menta, cortar la mitad de las hojitas en tiras finas y añadirlas al puré. Reservar el resto.

4. Salpimentar los filetes por ambos lados, extender encima del puré, enrollarlos y sujetar los extremos con palillos o atarlos con hilo de cocina. Calentar el resto de aceite en una sartén amplia y freír los rollitos a fuego medio 10 o 15 minutos (según el grosor) hasta que estén dorados.

5. Escaldar los tomates, pelarlos, sacar las semillas y picarlos finos. Mezclarlos con las alubias sobrantes y salpimentar abundantemente. Añadir la menta reservada. Se sirve con los rollitos y se acompaña con tortas de sésamo templadas.

En primer plano:
Rollitos de cordero con alubias rojas
En segundo término:
Rollitos de ternera

Título original: *Steaks & Co.*
Traducción: *Mª del Carmen Vega Álvarez*

SEGUNDA EDICIÓN

© EDITORIAL EVEREST, S. A.
Carretera León-La Coruña
km 5 - LEÓN
ISBN: 84-241-2367-0
Depósito Legal: LE: 208-2002
Printed in Spain - Impreso en España

EDITORIAL EVERGRÁFICAS, S. L.
Carretera León-La Coruña km 5
LEÓN (ESPAÑA)

Cornelia Adam

Desde su niñez mostró un notable interés por todo lo relacionado con el establecimiento hotelero de sus padres, por lo que no es de extrañar que acabase graduándose en Hostelería. Posteriormente amplió sus estudios interesándose especialmente por la gastronomía y pronto entró a formar parte del cuadro de colaboradores de una famosa revista femenina. Actualmente es articulista independiente de temas culinarios y autora de numerosos libros con los que ha obtenido grandes éxitos.

Odette Teubner

Debe su excelente formación en el campo de la fotografía a su padre, el famoso fotógrafo Christian Teubner. Tras unos meses de experiencia como fotógrafa de modas, optó por dedicarse plenamente a la creación de bodegones fotográficos y composiciones culinarias propias del Fotostudio Teubner. En su tiempo libre practica también apasionadamente el retrato, posando a menudo su propio hijo como modelo.

Dorothee Gödert

Después de terminados sus estudios de Formación Profesional en la rama de Fotografía, trabajó durante algún tiempo en el campo del interiorismo. Tras una estancia en Princenton/EE UU se especializó en fotografía culinaria y gastronómica, colaborando con famosos profesionales. Desde abril de 1988 trabaja en el Fotostudio Teubner.